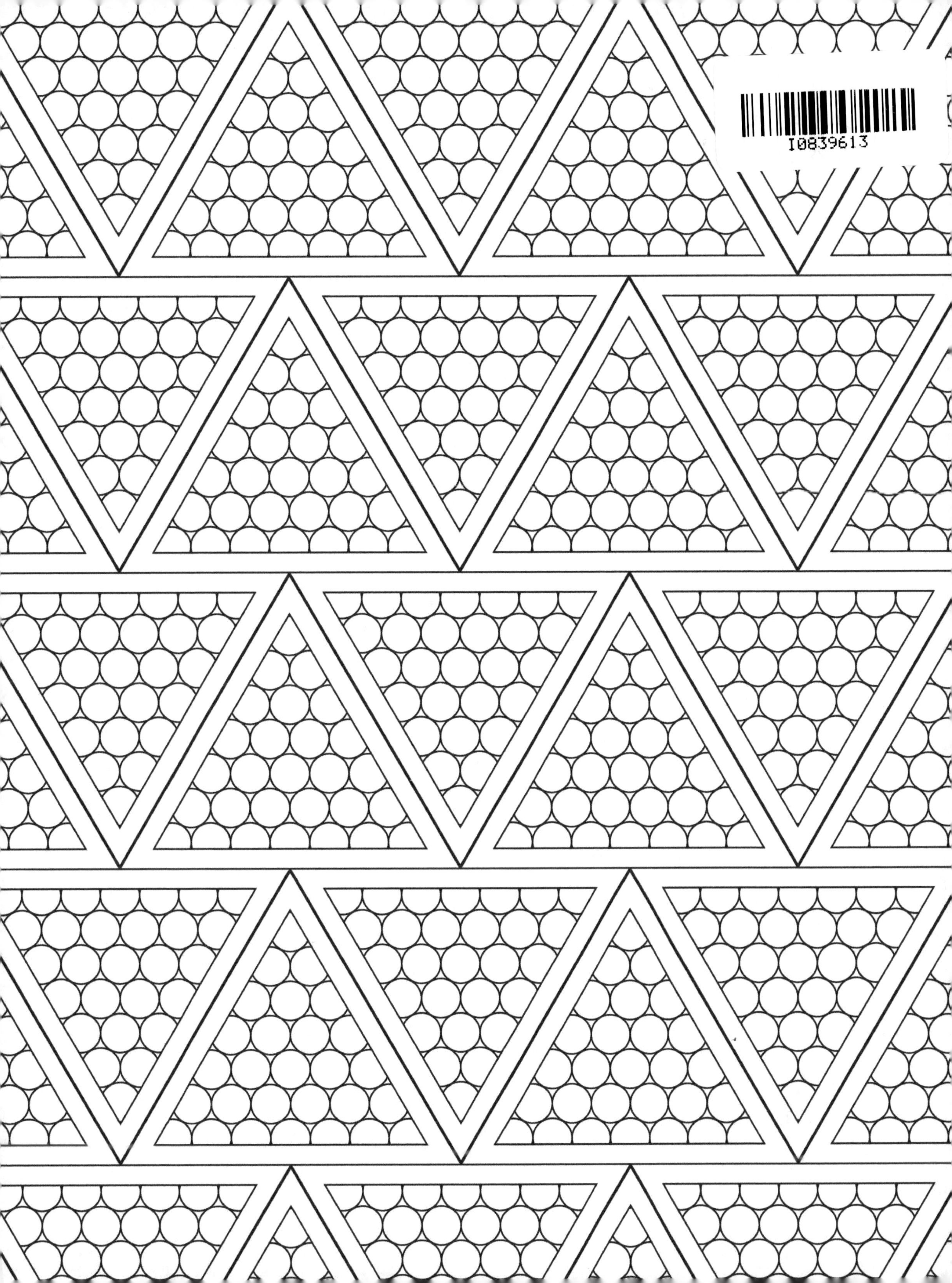
I0839613

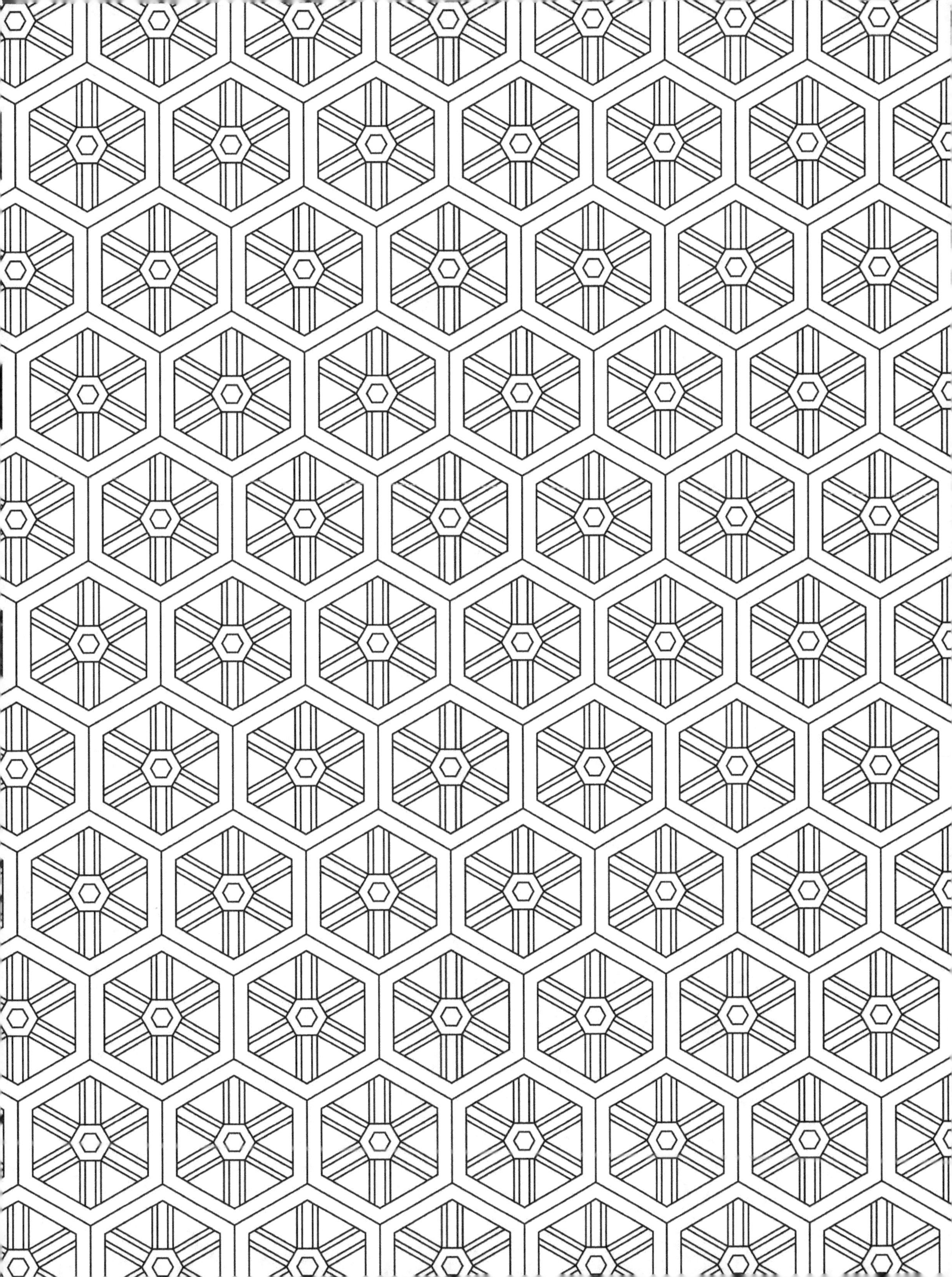

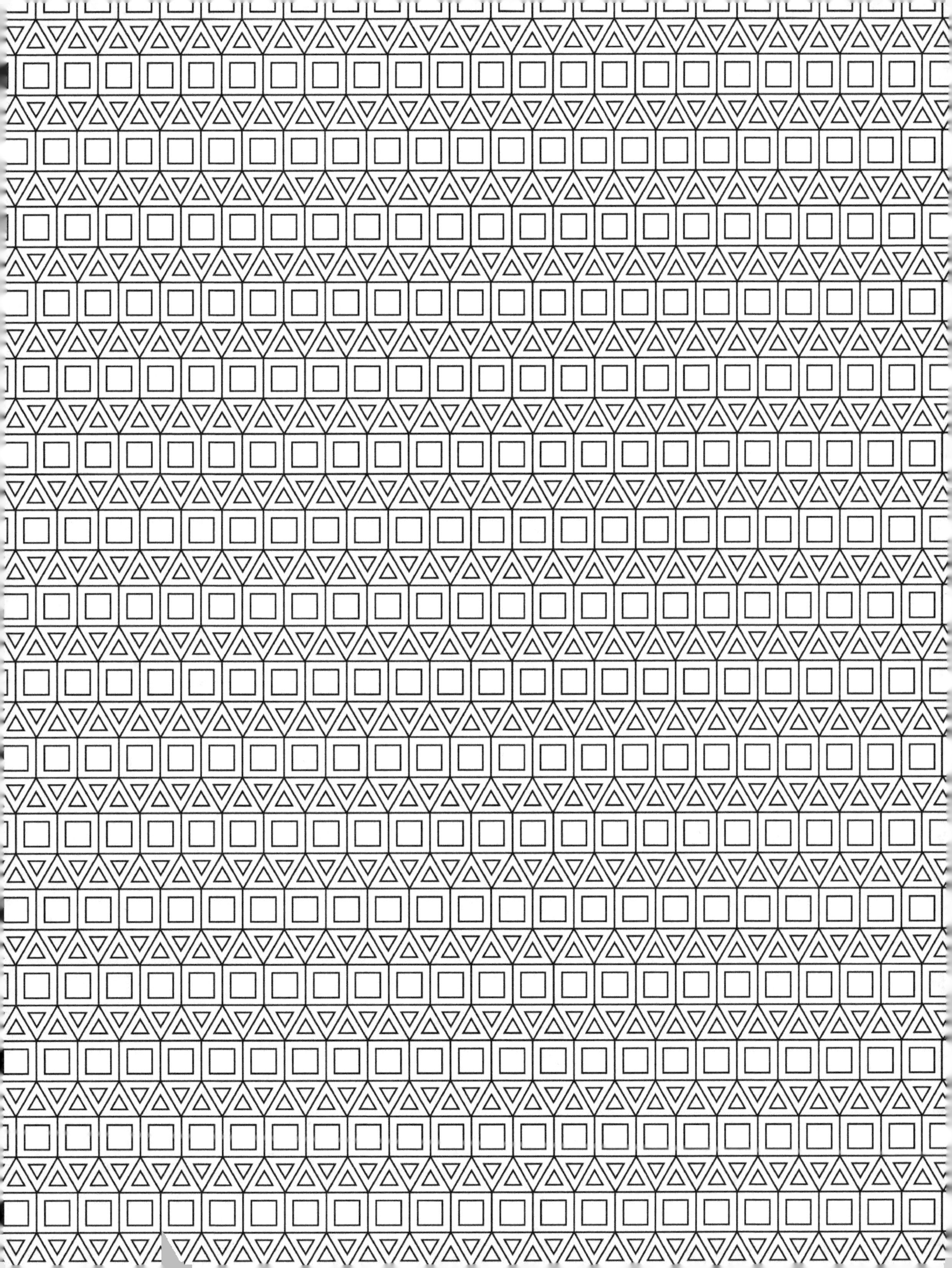

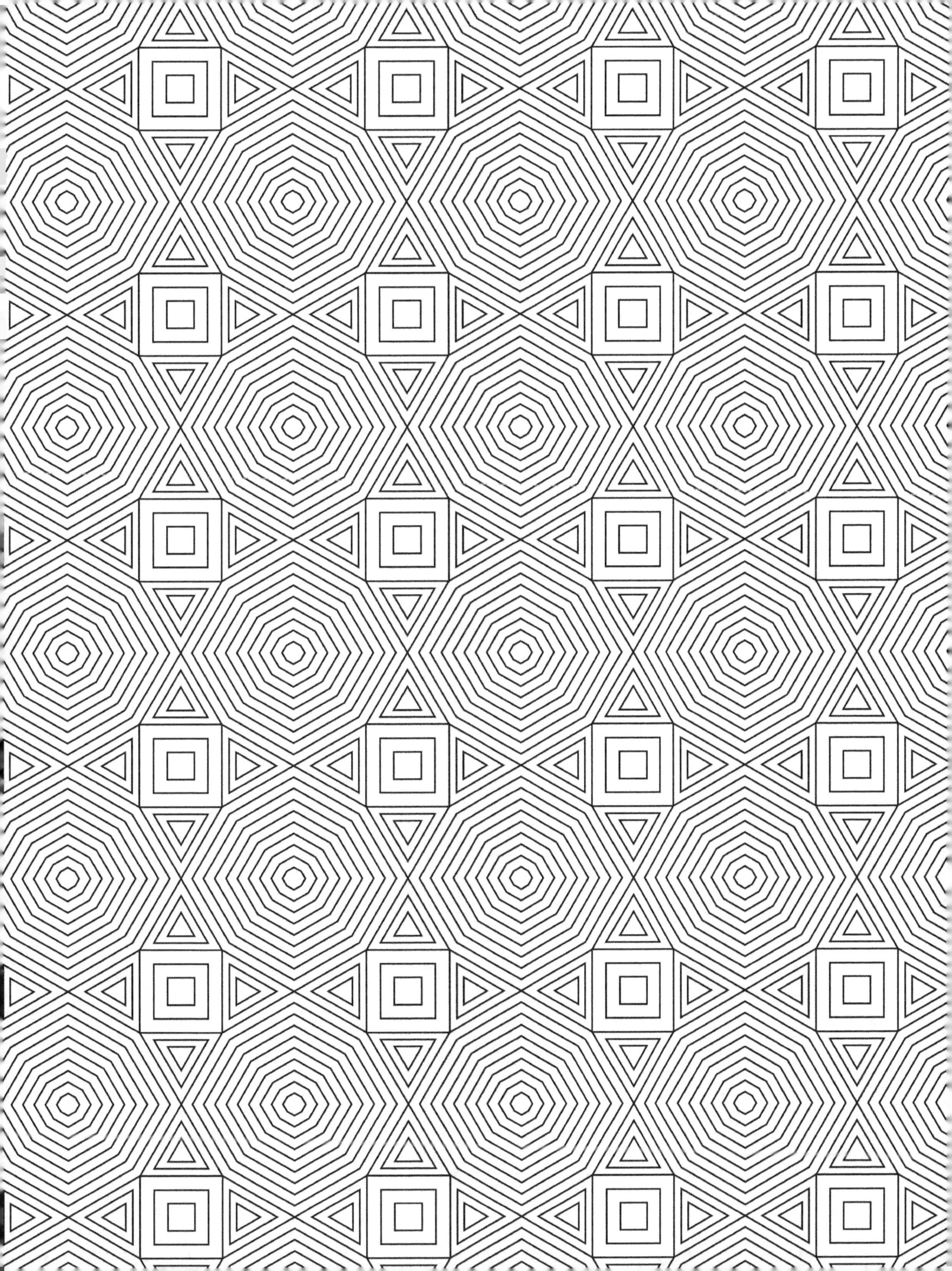

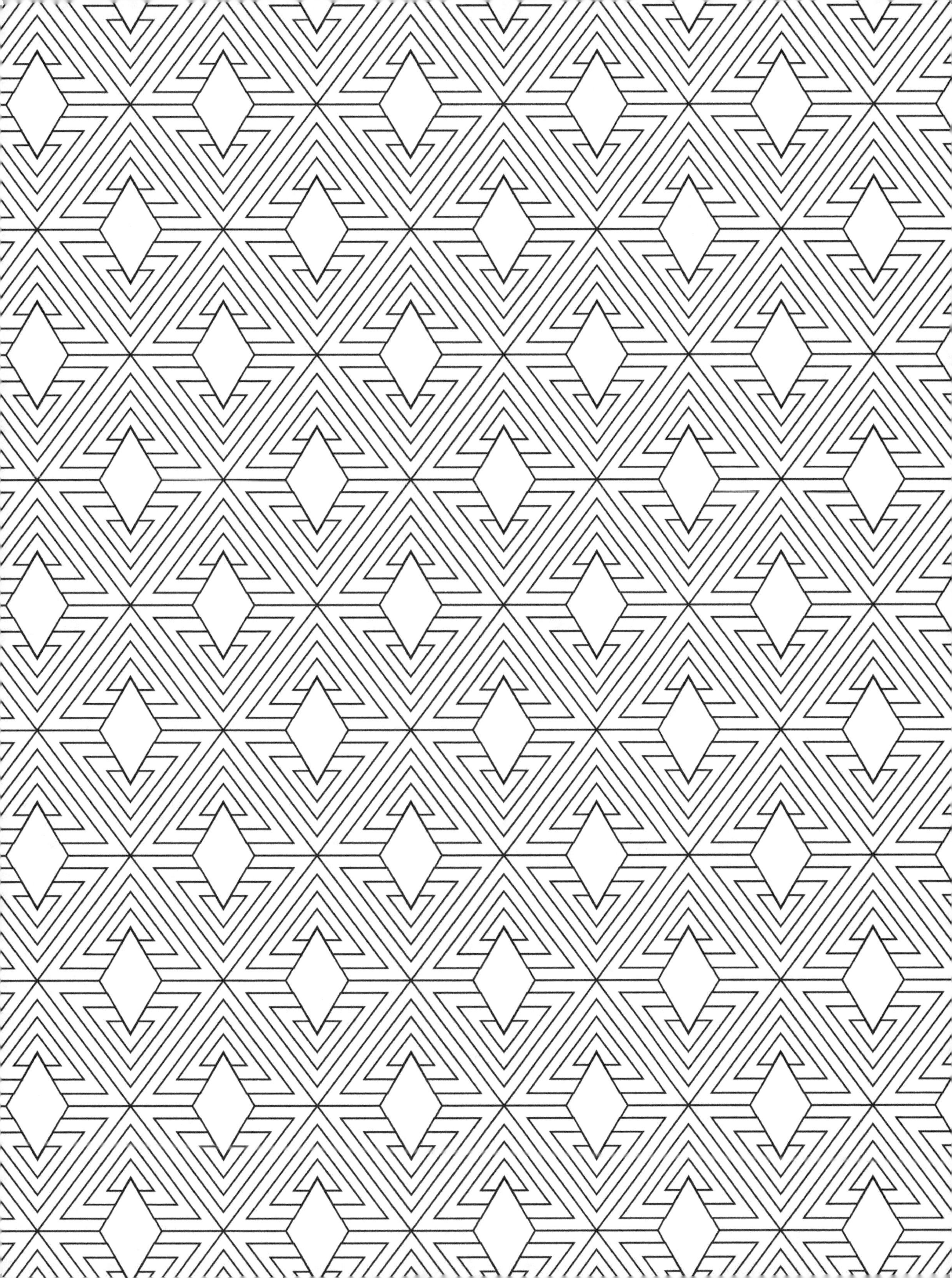

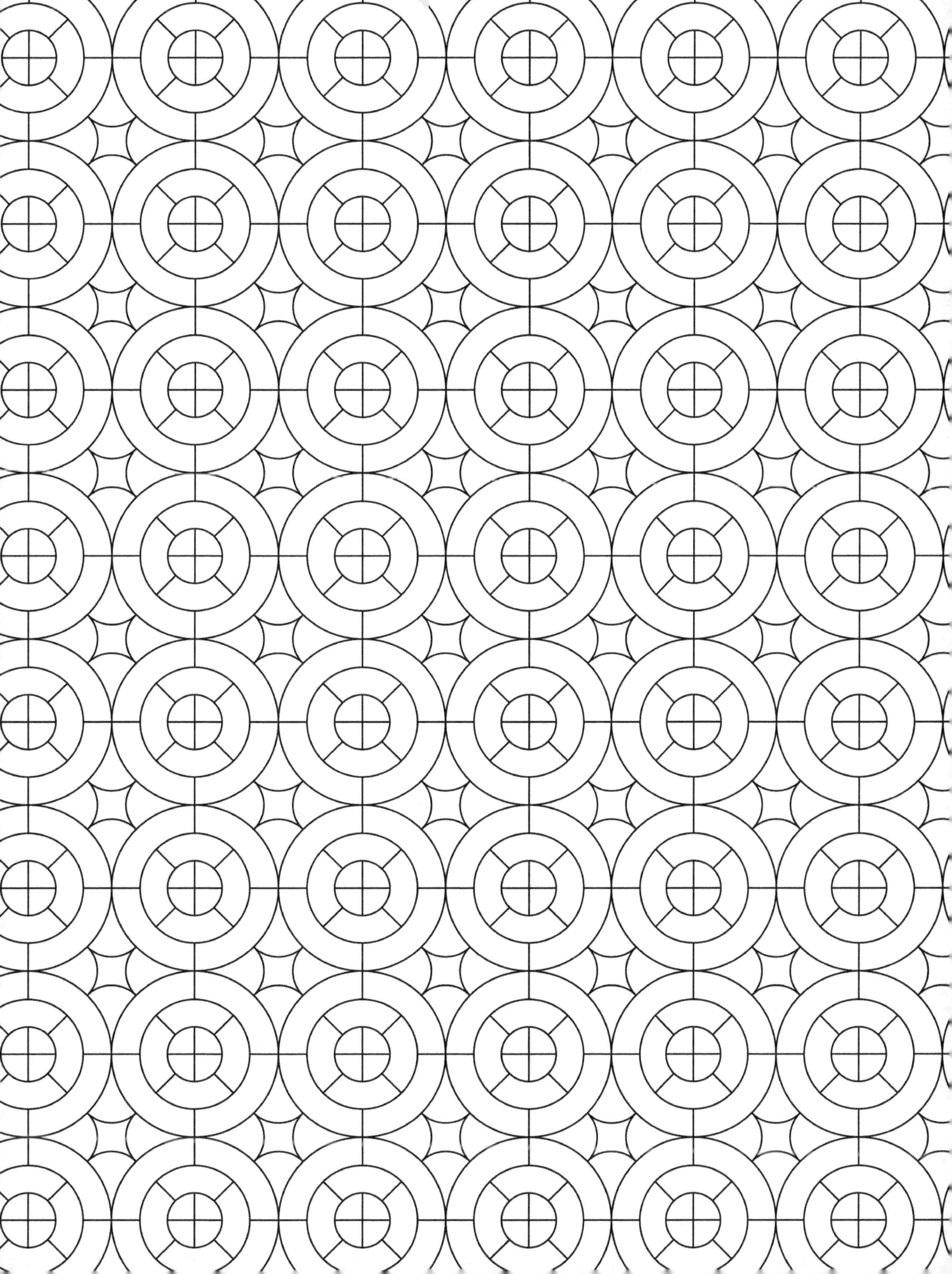

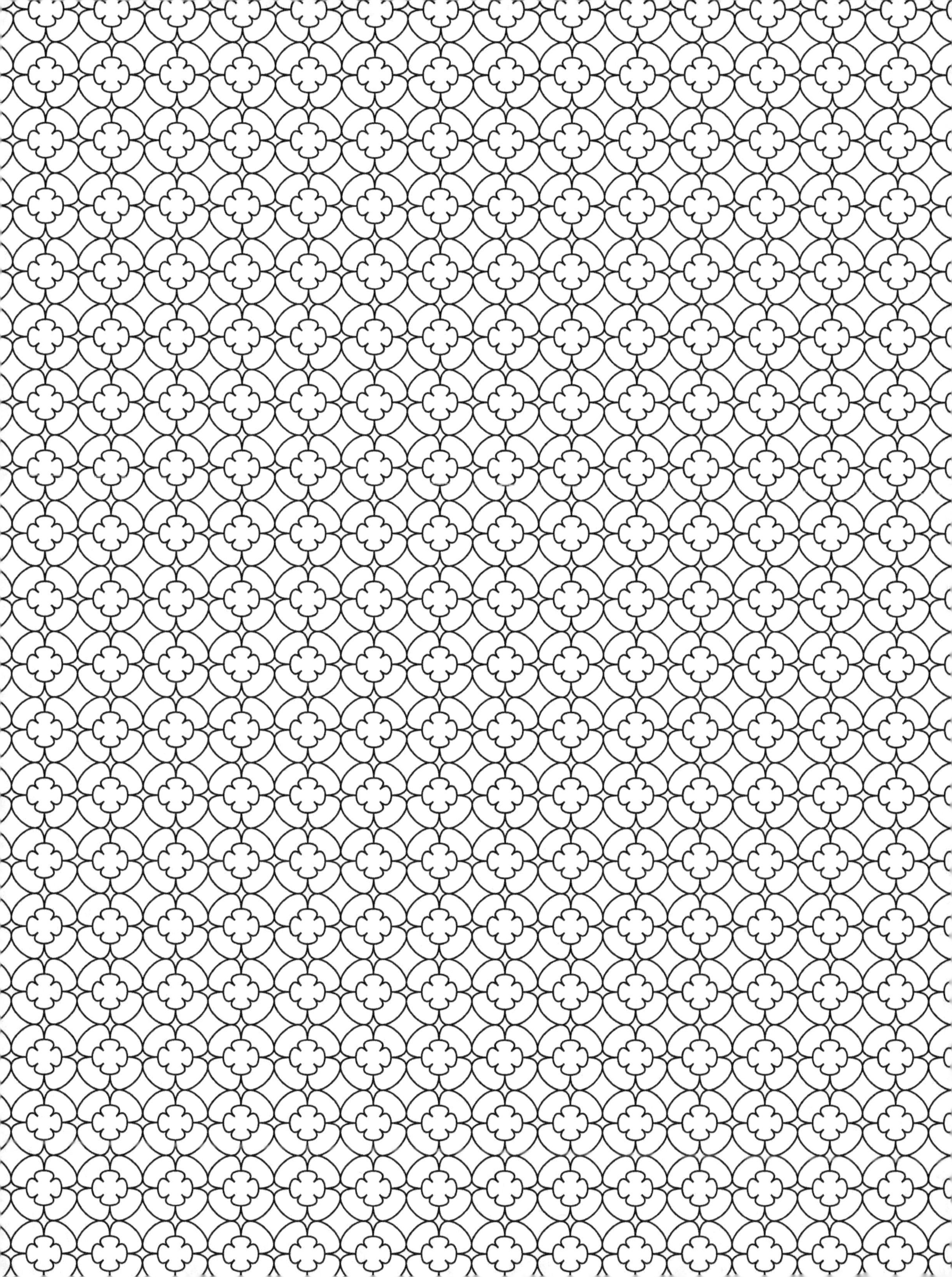

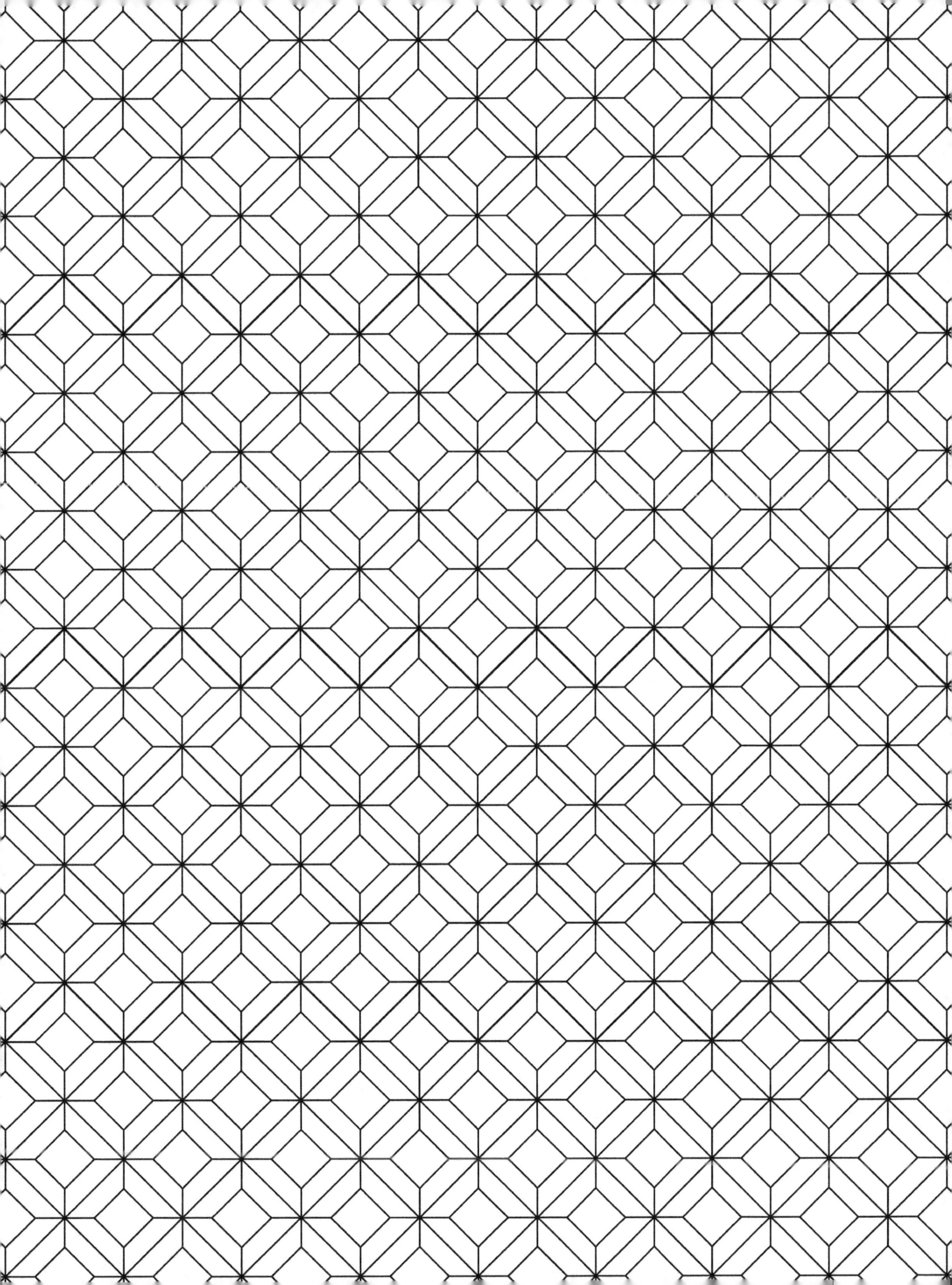

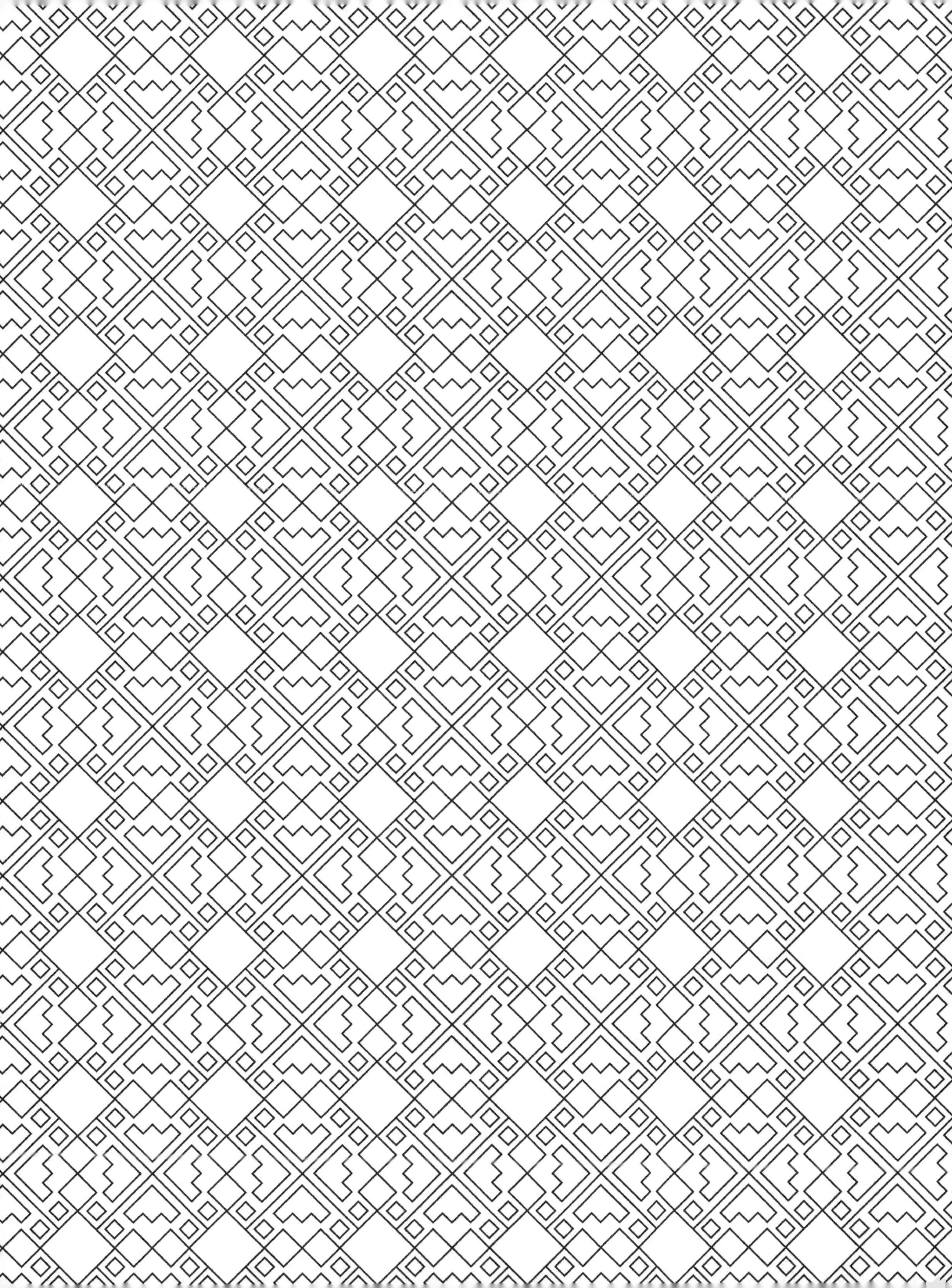

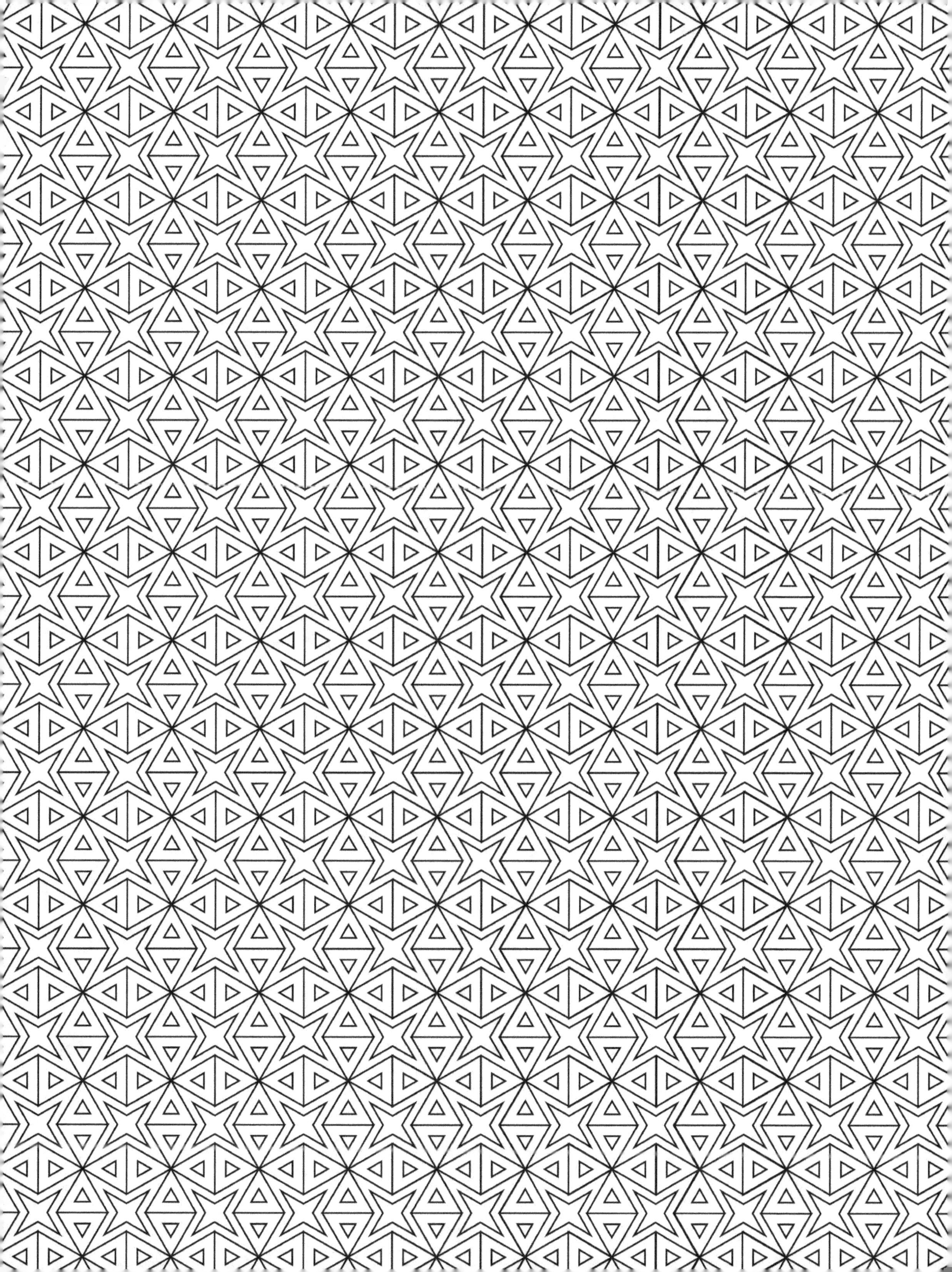

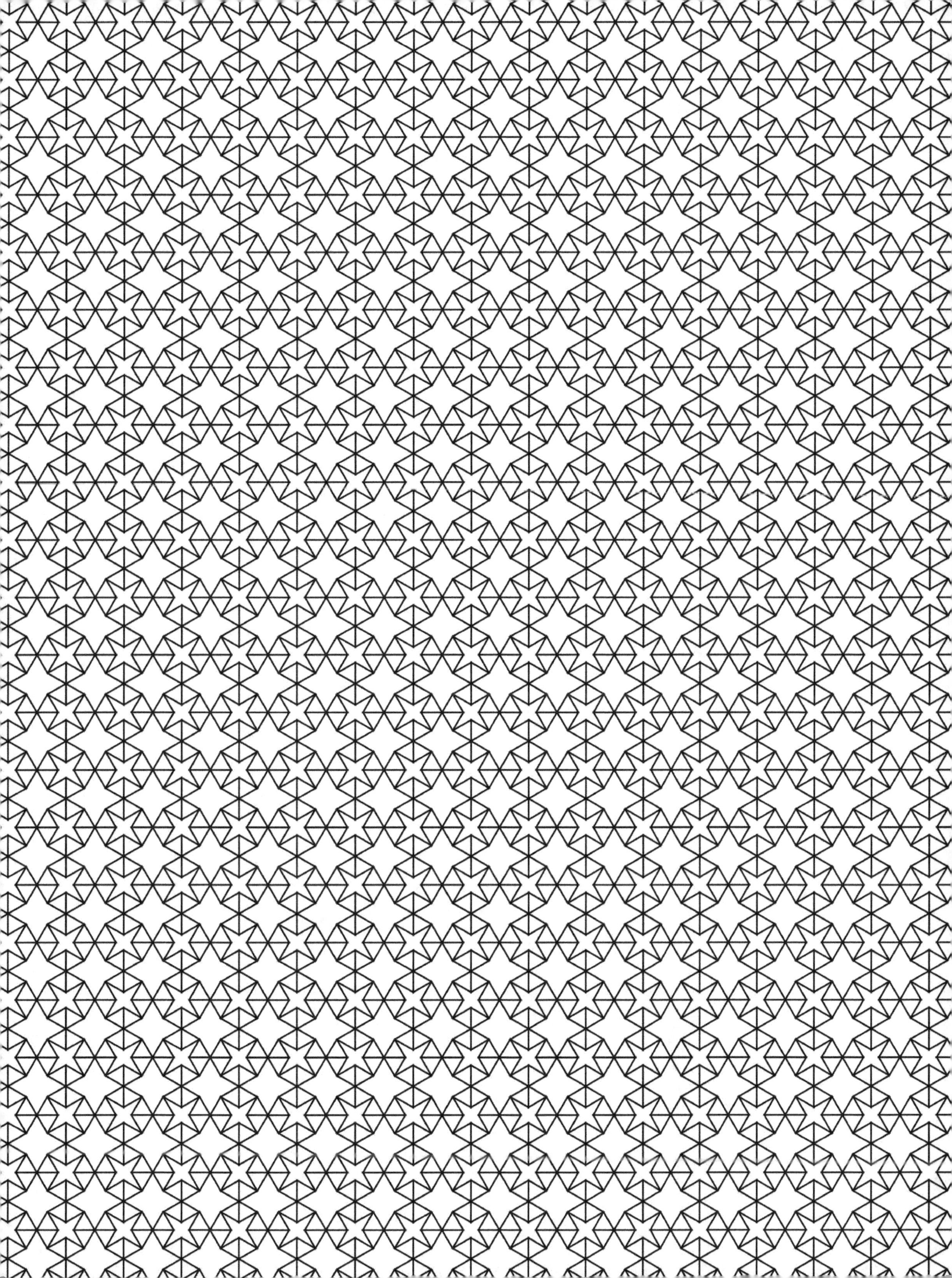

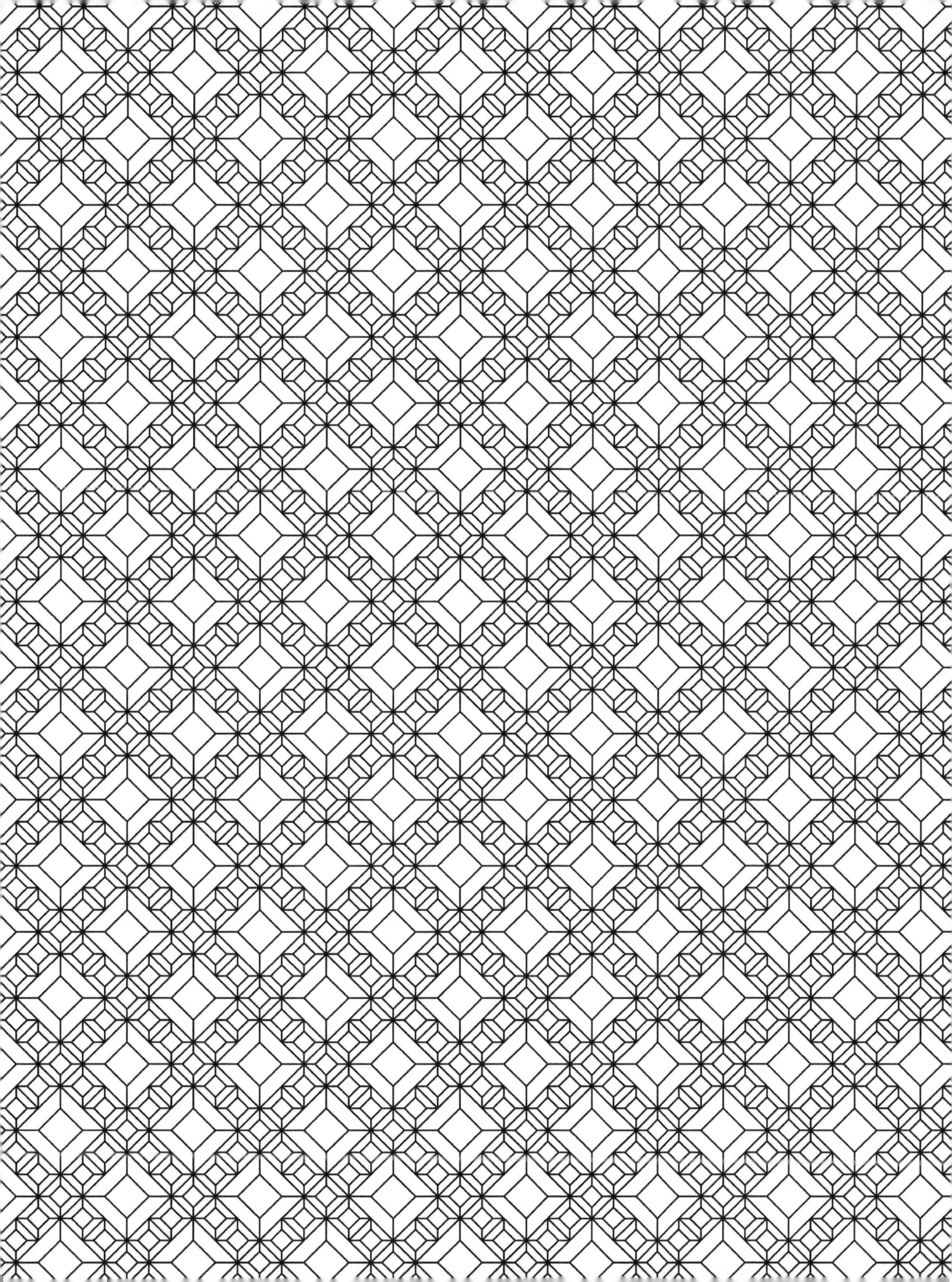

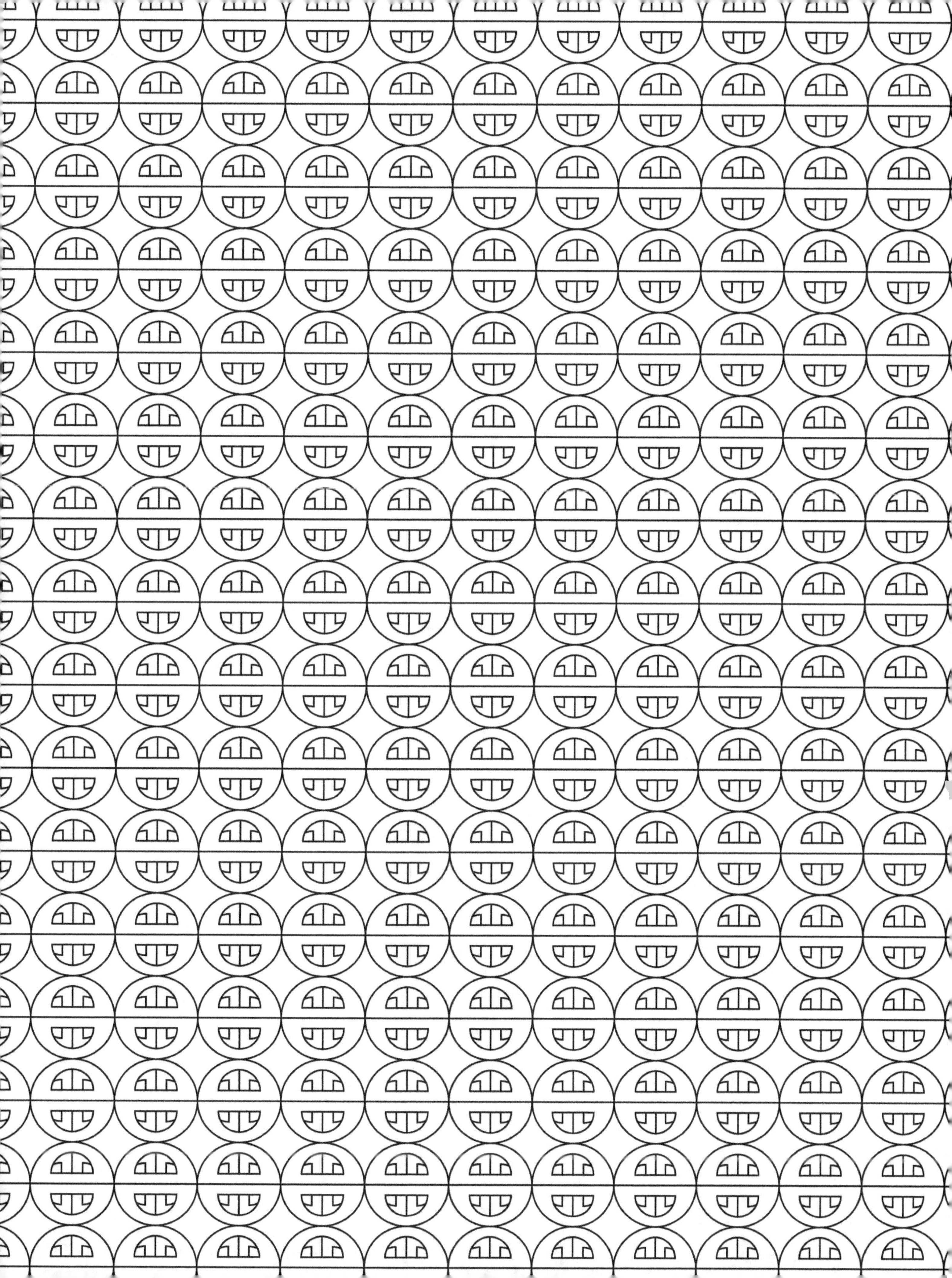

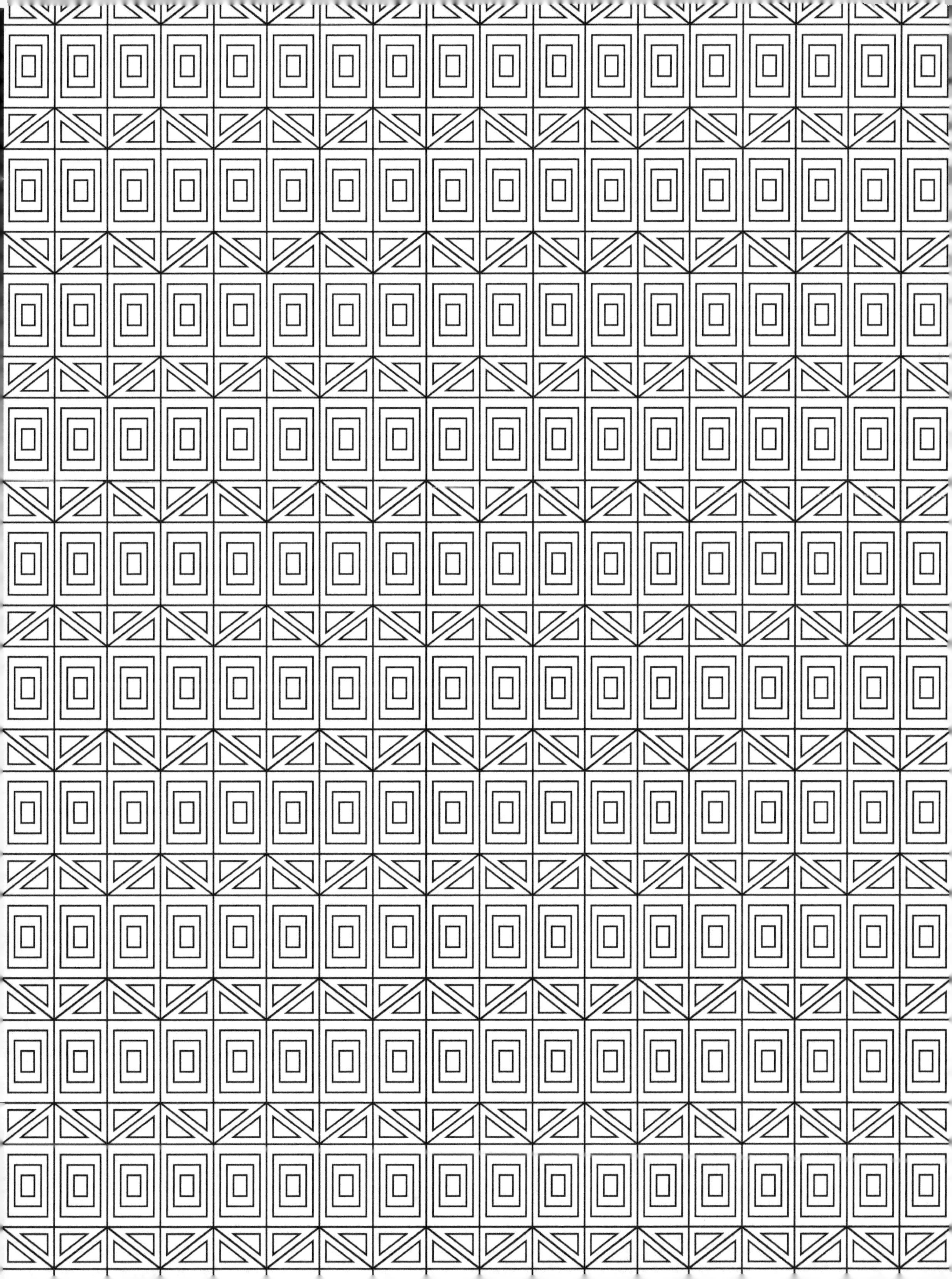

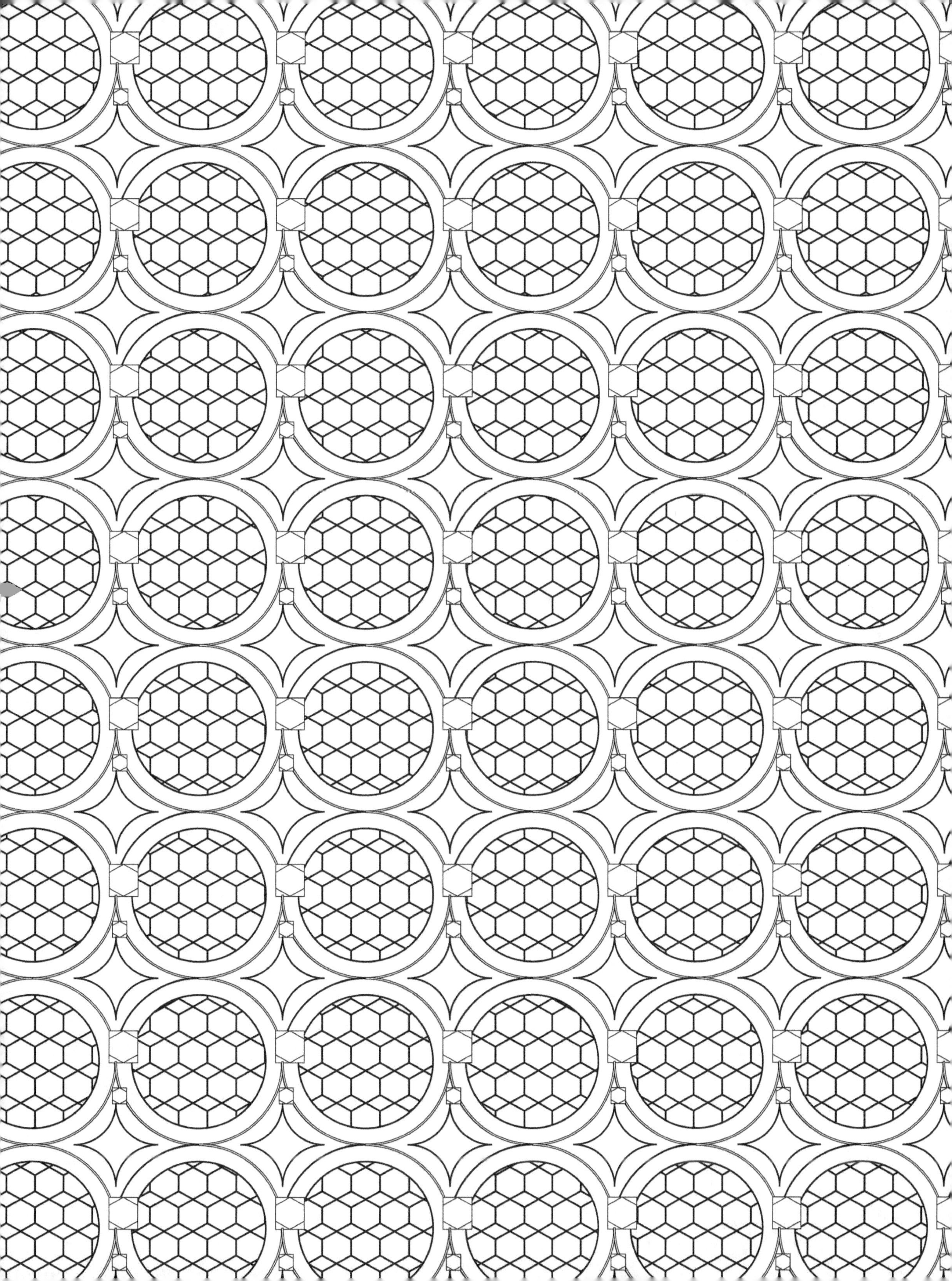